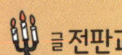 글 **전판교**

2000년 만화가로 데뷔한 후, 어린이를 위한 글을 쓰고 있습니다. 어린이의 정서와 눈높이에 맞춘 재미있는 스토리 속에 필수 상식과 학습 등의 유익함을 주고자 연구하고 있습니다. 펴낸 책으로는 『퀴즈! 과학 상식-공포 미스터리』, 『도전! 문명 게임 왕 시리즈』, 『도티&잠뜰-빅데이터』, 『도티&잠뜰-4차 산업혁명』, 『레벨업 카카오프렌즈-속담』, 『잠뜰TV 스틸하트-AI 로봇 VS 인간』, 『마이린 TV 시리즈』 등이 있습니다.

그림 **소윤**

2016년에 웹툰 『그림자 밟기』를 연재했으며 지금은 <케이툰>, <네이버 시리즈>, <다음> 등에서 서비스하며 새로운 작품을 준비하고 있습니다.

초판 1쇄 인쇄 2025년 8월 18일
초판 1쇄 발행 2025년 8월 22일

글 전판교 그림 소윤
펴낸이 김선식

경영총괄이사 김은영
어린이사업부총괄이사 이유남
책임편집 윤보황 디자인 양X호랭DESIGN 책임마케터 안호성
어린이콘텐츠사업2팀장 이지양 어린이콘텐츠사업2팀 이정아 윤보황 류지민 박민아
어린이마케팅본부장 최민용
어린이마케팅1팀 안호성 이예주 김희연 편집관리팀 조세현 김호주 백설희
저작권팀 성민경 이슬 윤제희 기획마케팅팀 류승은 박상준
재무관리팀 하미선 임혜정 이슬기 김주영 오지수
인사총무팀 강미숙 이정환 김혜진 황종원
제작관리팀 이소현 김소영 김진경 이지우 황인우
물류관리팀 김형기 김선진 주정훈 양문현 채원석 박재연 이준희 이민운

펴낸곳 다산북스 출판등록 2005년 12월 23일 제313-2005-00277호
주소 경기도 파주시 회동길 490 전화 02-704-1724 팩스 02-703-2219
다산어린이 카페 cafe.naver.com/dasankids 다산어린이 블로그 blog.naver.com/stdasan
종이 스마일몬스터 인쇄 한영문화사 제본 상지사 후가공 제이오엘앤피

ISBN 979-11-306-6902-1 77190

+ 책값은 표지 뒤쪽에 있습니다.
+ 파본은 본사와 구입하신 서점에서 교환해 드립니다.
+ 이 책은 저작권법에 의하여 보호를 받는 저작물이므로 무단 전재와 복제를 금합니다.

글 전판교 | 그림 소윤

차례

귀신 어벤저스 ·················· 20

봉달귀신 ·················· 24
ISTJ / ENFJ

달걀귀신 ·················· 30
ISTP / ENTJ / ISFJ

처녀귀신 ·················· 36
ISFP / ESTJ / ENTP

야광귀 ········· 42
INTP / ESTP / ESFJ

홍콩할매 귀신 ········· 48
INTJ / ENFP / INFJ

구미호 ········· 54
INFP / ESFP

귀신에게도 역시 〈우리들의 MBTI〉 ········· 60

어린이 분야 최초
MBTI 성격 유형 만화 시리즈!

❶ 성격 유형

❷ 친구 관계

❸ 가족 관계

❹ 학습 유형

❺ 진로 선택

시리즈 특징

- 개성 가득한 MBTI 캐릭터들의 이야기를 만화로!
- 권별 주제에 관한 고민을 심리 상담 전문가의 답변으로 해결!
- 유형별 특징, 친구 관계, 가족 관계, 학습 유형, 진로 선택 수록!
- 권별 특별 부록 증정! MBTI 포토 카드, 공부 플래너, 스티커

★ 총 5권 ★

이 책과 친해지기

🌱 MBTI가 뭐지?

옛날에 '카를 융'이라는 심리학자가 있었어요. 융은 "사람마다 태어나면서부터 타고난 성격이 있다."라고 했죠. 그 후, 이사벨 브릭스 마이어스와 캐서린 쿡 브릭스라는 엄마와 딸 심리학자가 성격을 쉽게 알아보는 검사인 MBTI를 만들었어요.

🌱 MBTI를 판단하는 기준

MBTI 성격 유형은 아래 네 가지 기준으로 구분해요. 어떤 쪽이 내 마음에 더 가까운지에 따라서 성격 유형이 정해진답니다.

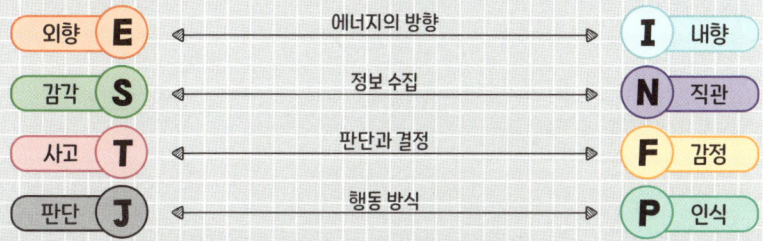

🌱 간단하게 알아볼까?

① 마음의 에너지는 어디로 갈까?
- 친구들과 어울리면 힘이 나요. ▶ E
- 혼자만의 시간이 편해요. ▶ I

② 세상을 어떻게 살펴볼까?
- 눈에 보이는 걸 살펴요. ▶ S
- 머릿속으로 상상하며 살펴요. ▶ N

③ 결정은 어떻게 할까?
- 머리로 따져 보고 결정해요. ▶ T
- 마음으로 느껴 보고 결정해요. ▶ F

④ 어떤 기준으로 행동할까?
- 미리 계획을 세우고 움직여요. ▶ J
- 상황에 따라 유연하게 움직여요. ▶ P

질문에서 고른 알파벳을 순서대로 붙이면 유형이 만들어져요.
＊예: I + N + F + P = INFP

ISTJ　ISTP　ISFJ　ISFP　ESTJ　ESTP　ESFJ　ESFP
INTJ　INTP　INFJ　INFP　ENTJ　ENTP　ENFJ　ENFP

I 첫 번째 알파벳 E

📖 마음의 에너지는 어디로 갈까?

MBTI 성격 유형의 첫 번째 글자는 내 마음이 향하는 방향을 나타내요.
- 내향형 I: 조용히 나만의 시간 속에서 힘을 얻어요.
- 외향형 E: 사람들과 어울리며 힘을 얻어요.

📖 내향형 I

마음속에서 모험을 즐기는 걸 좋아해요. 마치 자기 방에서 비밀 아지트를 꾸미는 것처럼 편안한 공간에서 차분히 생각하고 움직여요.
- 말보다 글로 표현하는 게 편해요.
- 혼자서 계획을 세우고 차근차근 해 나가요.
- 많은 친구보다 오래 사귄 몇 명이 더 좋아요.
- 혼자만의 시간에서 에너지를 얻어요.

📖 외향형 E

세상 밖에서 모험을 즐기는 걸 좋아해요. 마치 마당에서 친구들과 술래잡기를 하는 것처럼 사람들과 활동할수록 더 신이 나요.
- 글보다 말로 표현하는 게 편해요.
- 생각하기 전에 먼저 몸이 움직여요.
- 새로운 친구를 쉽게 사귀어요.
- 사람들과 어울릴 때 에너지가 차올라요.

> **Tip**
> 내향형 I와 있으면 조용히 생각할 시간이 생기고, 외향형 E와 있으면 분위기가 금세 활기차져요. 함께하면 균형 잡힌 멋진 팀!

공포 게임 할 때 유형

I 내향형

#조용함 #나의마음에집중

E 외향형

#활발함 #외부환경에집중

S 두 번째 알파벳 N

👉 세상을 어떻게 살펴볼까?

MBTI 성격 유형의 두 번째 글자는 정보를 받아들이는 방식을 나타내요.
감각형 S: 지금 눈앞에서 느껴지는 사실과 디테일을 챙겨요.
직관형 N: 눈에 안 보이는 가능성과 큰 그림을 떠올려요.

👉 감각형 S

세상을 아주 자세하게 들여다봐요. 마치 작은 곤충을 돋보기로 관찰하는 것처럼 지금 경험하는 것 하나하나에 집중하죠.
- 그림을 보면 색, 모양, 질감을 먼저 살펴요.
- 숙제를 할 때 차례대로, 빠뜨리지 않고 진행해요.
- 게임도 규칙부터 꼼꼼히 읽고 시작해요.
- 주로 경험해 본 방법을 믿고 따르는 편이에요.

👉 직관형 N

세상을 멀리서 한눈에 바라봐요. 마치 밤하늘 별자리를 보고 이야기를 지어내는 것처럼 숨은 것을 연결하고 미래를 상상하죠.
- 그림을 보면 '이건 무슨 이야기일까?'를 먼저 생각해요.
- 숙제를 할 때 전체 주제와 큰 아이디어부터 잡아요.
- 새로운 방법이나 규칙을 만드는 걸 좋아해요.
- 상상한 내용을 다른 사람과 나누는 걸 즐겨요.

Tip
감각형 S와 있으면 사실과 디테일을 놓치지 않고, 직관형 N과 있으면 상상과 아이디어가 샘솟아요. 함께하면 무척 탐험대!

 # 심령사진 봤을 때 유형

S 감각형

N 직관형

 세 번째 알파벳

결정은 어떻게 할까?

MBTI 성격 유형의 세 번째 글자는 판단 기준을 나타내요.
사고형 T: 머릿속 '논리 사전'을 펼쳐서 사실과 규칙을 살펴요.
감정형 F: 마음속 '감정 나침반'을 꺼내서 사람의 기분과 관계를 살펴요.

사고형 T

사건이 생기면 먼저 단서를 찾고, 왜 그런 일이 일어났는지 차근차근 따져 봐요.
마치 현미경을 든 탐정처럼요.
- 게임 규칙을 지키는 걸 중요하게 생각해요.
- 친구 문제도 "원인이 뭘까?"부터 살펴요.
- 설명할 때 근거와 이유를 분명히 말해요.
- 감정보다 사실을 먼저 확인해요.

감정형 F

사람 마음의 온도를 느끼고 사람과의 관계를 조심스럽게 살펴 봐요.
마치 감정 온도계로 상대의 온도를 느끼지요.
- 그림을 보면 '이건 무슨 이야기일까?'를 먼저 생각해요.
- 숙제를 할 때 전체 주제와 큰 아이디어부터 잡아요.
- 새로운 방법을 만들어 쓰는 걸 좋아해요.
- 상상한 내용을 다른 사람과 나누는 걸 즐겨요.

> **Tip**
> 사고형 T와 있으면 문제를 똑똑하게 풀 수 있고, 감정형 F와 있으면 마음이 따뜻해져요. 함께하면 완벽 해결사!

 공포 이야기 들을 때 유형

T 사고형

#원리원칙   #사실적인판단

F 감정형

#공감능력   #조화로운판단

 네 번째 알파벳

어떤 기준으로 행동할까?

MBTI 성격 유형의 네 번째 글자는 움직이는 방식을 나타내요.
판단형 J: 계획을 세우고 그 순서대로 움직여요.
인식형 P: 상황에 맞춰 유연하게 움직여요.

판단형 J

하고 싶은 일이 있으면 계획을 세워요.
마치 게임 퀘스트를 순서대로 깨는 것처럼 하나씩 체크하면서 나아가요.
- 숙제나 준비물을 미리 챙겨요.
- 마감일이 있으면 더 열심히 해요.
- 할 일 순서를 정해 두고 차근차근 진행해요.
- 목표를 정하면 그 방향으로 꾸준히 나아가요.

인식형 P

오늘의 기분과 상황에 따라 움직여요. 마치 놀이터에서 '다음엔 무슨 기구를 탈까?'를 정하듯 상황에 따라 자유롭게 계획을 바꿔요.
- 할 일 순서를 꼭 지키지 않아도 괜찮아요.
- 새로운 기회가 생기면 바로 시도해요.
- 과정과 순간을 즐기는 편이에요.
- 상황에 따라 계획이 언제든 달라질 수 있어요.

판단형 J와 있으면 길을 잃지 않고, 인식형 P와 있으면 새로운 길을 발견해요. 함께하면 최고의 모험 팀!

귀신 퇴치할 때 유형

J 판단형

조사했을 때, 이 귀신은 소금을 싫어한다고 했어!

으아아! 이건 내 계획에 없었는데? 어떡하지?

#목적이분명 #계획적행동

P 인식형

내가 가진 것 중에 뭐가 통할까?

에잇 모르겠다! 이중에 하나는 통하겠지!

#기분이중요 #즉흥적행동

정화

ISTJ

차분하고 성실한 태도가
빛나고 믿음직스러워요.

하람

ISTP

혼자 놀기의 달인으로
조용히 세상을 관찰해요.

장우

INTJ

사색을 즐기며
매사를 진지하게 탐구해요.

현욱

INTP

좋아하는 것이 분명하고
차분하며 호기심이 많아요.

수현 **ISFJ**
꼼꼼하고 깔끔한 완벽주의자이면서 배려심이 많아요.

하영 **ISFP**
조용하면서도 예술적 끼가 많아 주변에 좋은 영향을 줘요.

선미 **INFJ**
상상력이 풍부하고 섬세하며 사람들에게 다정해요.

태우 **INFP**
속이 깊고 따뜻한 몽상가이며 예술적 감각이 돋보여요.

민수
ESTJ
추진력이 강하고 씩씩하며
책임감도 있어 든든해요.

지현
ESTP
재치 있고 시원시원하며
행동력이 뛰어나요.

여진
ENTJ
당당하고 정의로우며
문제를 잘 해결해요.

준혁
ENTP
독창적인 카리스마가 넘치며
자신의 생각이 뚜렷해요.

ESFJ
생기 넘치고 사람들과 잘 어울리는 분위기 메이커예요.

ESFP
쾌활하고 웃음이 많아 사람들을 즐겁게 해요.

ENFJ
열정이 넘치고 말솜씨가 좋으며 사람에게 관심이 많아요.

ENFP
순수하고 천진난만하며 생각이 기발해요.

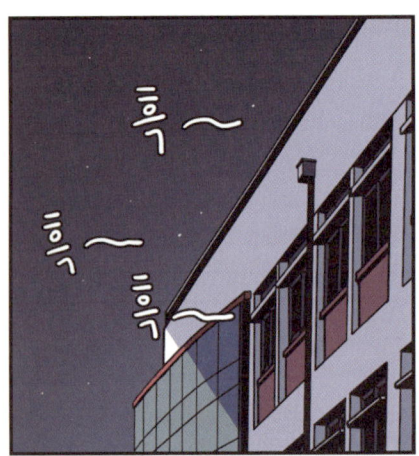

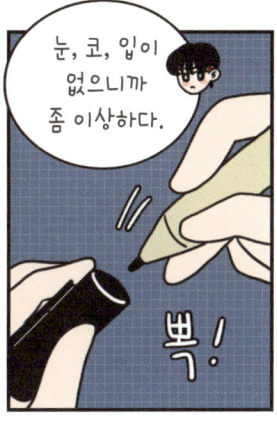

ISTP
실험적으로 귀신을 조사한다. 문제 해결을 위해 어떤 도구를 쓸지 고민한다.

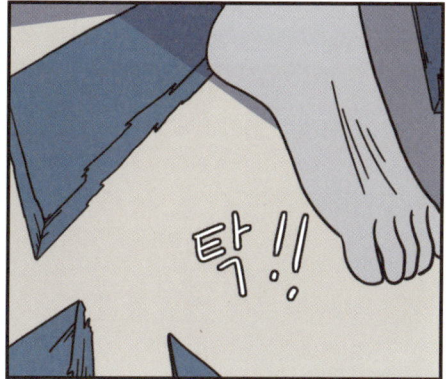

에필로그
귀신에게도 역시 〈우리들의 MBTI〉

<우리들의 MBTI> 바로 이 책이에요!

요즘은 아이들의 MBTI 성향을 분석해서 놀라게 해야 했던 거예요.

MBTI?

그게 뭔데?

#현실우선주의자 #책임감으로퇴마 #귀신도매뉴얼필요 #감정보단상황정리

ISTJ 정화

매력 포인트
- 위기 상황에도 침착함 유지
- 무서운 일에도 책임지는 든든함
- 원칙 지키며 차분히 대응하는 태도

✓ 귀신이 언제, 어디서, 어떻게 나왔는지 분석하려고 해요.
✓ 감정보다 문제 해결이 먼저예요. 무서워도 표정은 크게 변하지 않아요.
✓ 패턴을 찾으려 해요. 반복되는 행동이나 시간대를 정리해 보려고 해요.
✓ 누구에게도 피해가 가지 않게 하려고 해요. 조용히 정리하고자 해요.
✓ "전통적인 퇴마 방법이 효과 있을지도 몰라." 제사나 정화 의식도 고려해요.
✓ 무섭다는 말을 잘 못 해요. 겉으로는 침착하지만 속으로는 많이 곱씹어요.
✓ 혼자 해결하려 해요. 귀신 문제도 타인에게 폐 끼치지 않으려 해요.
✓ 마음속에서 계속 복기해요. 그날 밤 기억을 수없이 떠올려 분석해요.
✓ 두 번 다시 안 당하려고 해요. 상황 정리 후, 유사 사건 예방책을 세워요.

#무표정속긴장감

#혼자조용히분석중

#귀신도직접확인

#겁은나도움직임

ISTP 하람

매력 포인트
- 침착하고 재빠른 상황 판단력
- 겁나도 먼저 움직이는 행동력
- 감정에 휘둘리지 않는 쿨한 태도

- ☑ "뭐야 저건?" 놀라긴 해도 도망치기보다 관찰부터 해요.
- ☑ 일단 침착해요. 비명을 지르기보단 눈을 가늘게 뜨고 분석해요.
- ☑ 일단 직접 확인하러 가요. 귀신을 봤다는 말보다 직접 보는 걸 믿어요.
- ☑ 감정 표현이 서툴러요. 무서운 상황이어도 차분한 톤을 유지하려 해요.
- ☑ 손전등, 스마트폰 같은 도구를 먼저 챙겨요.
- ☑ 무서운 기억도 그냥 묻어 둬요. 나중에 다시 말 꺼내지 않을 가능성이 커요.
- ☑ 귀신의 존재를 납득하려고 논리적으로 따져요.
- ☑ 비슷한 상황이 다시 생기면 더 빠르게 대처해요.
- ☑ 경험을 통해 효율적인 행동을 찾으려 해요.

#귀신보다가족걱정
#혼자끙끙참는타입
#귀신에게도예의바름
#눈물나도침착하게

I S F J 수현

매력 포인트
- 두려워도 남을 챙기는 다정함
- 책임감 있는 행동과 헌신
- 조용하지만 깊은 내면의 용기

- ✅ 무섭지만 조용히 감당하려고 해요. 겁이 나도 차분한 척하려 해요.
- ✅ 기도하거나 조용히 마음을 다스리려 해요. 내면의 안정을 먼저 찾으려 해요.
- ✅ 귀신에게도 예의를 갖추려 해요. "아마 이유가 있었겠지."라고 생각해요.
- ✅ 감정을 오래 끌고 가요. 겁먹은 마음이 쉽게 가라앉지 않아요.
- ✅ 혼자 정리하려는 경향이 있어요. 털어놓기보단 일기나 생각으로 정리해요.
- ✅ 남 탓을 하지 않아요. 상황이 무섭더라도 누구를 비난하진 않아요.
- ✅ 전통적 방법을 믿는 편이에요. 제사, 부적, 기도 등을 신중하게 고려해요.
- ✅ 귀신보다 주변 사람 상태부터 걱정해요. "혹시 누가 다치진 않았지?"라고 말해요.

#무서워도말못해

#감정풍랑속침묵

#혼자놀라고혼자극복

#귀신이감정건드림

ISFP 하영

매력 포인트

- 섬세하고 깊은 감정 표현
- 무서움 속에서도 차분한 내면
- 조용하지만 감각적으로 반응

- ☑ 감정이 먼저 튀어나와요. 귀신을 보면 표정보다 심장이 먼저 반응해요.
- ☑ 조용히 뒤로 물러나요. 비명보단 숨죽이며 피하는 편이에요.
- ☑ 향, 소금, 물 같은 자연적인 방식을 찾아 퇴치해요.
- ☑ 감성에 젖어요. 귀신이 슬픈 사연이 있을 것 같아 괜히 마음 아파요.
- ☑ 혼자 정리하려 해요. 친구한테 털어놓기보단 그림이나 음악으로 소화해요.
- ☑ 기억에 오래 기억에 남아요. 잊지 못하고 계속 생각에 잠기게 돼요.
- ☑ "이건 내 상상일지도 몰라." 현실인지 꿈인지 혼란스러워져요.
- ☑ 즉흥적으로 대처해요. 귀신이 갑자기 튀어나온다면 반사적으로 도망쳐요.
- ☑ 소동이 끝나고 한동안 소리나 분위기에 예민해져요.

#감정은데이터일뿐
#혼자대응혼자정리
#공포분석시뮬레이션
#귀신보다논리가먼저

INTJ 장우

매력 포인트
- ▶ 공포 속에서도 냉철한 판단
- 모원인과 해결을 찾는 분석력
- 두려움을 숨기는 강한 의지

- ✓ 일단 의심부터 해요. 귀신의 존재보다 자기 뇌를 더 믿어요.
- ✓ 감정보다는 분석이 먼저예요. 상황을 논리적으로 재구성하려고 해요.
- ✓ 불확실한 것이 가장 불편해요. 귀신의 존재 자체보다는 통제 안 되는 상황을 더 싫어해요.
- ✓ 귀신조차 이성의 틀 안에 넣으려 해요. 존재 의미를 따지며 정의하려 해요.
- ✓ 도망치기보단 구조를 분석해요. 왜 여기서, 왜 지금 나타났는지를 생각해요.
- ✓ 감정을 표현하지 않아요. 무서워도 표정이나 말투는 거의 변하지 않아요.
- ✓ 계획 없이 움직이는 걸 싫어해요. 즉흥 반응보다는 대응 방법을 세워요.
- ✓ 다시는 이런 상황을 만들지 말자고 생각해요.

#공포보다궁금함
#귀신을논문주제로
#혼자머릿속토론중
#감정보단가설수립

I N T P 현욱

매♡력 포인트
▶ 놀라운 상황에도 지적 호기심
▶ 감정에 흔들리지 않는 논리적 태도
▶ 고요한 집중력과 독특한 사고방식

☑ 귀신을 보면 놀라기보단 궁금증이 먼저 들어요. '저건 왜 저기 있는 걸까?'

☑ 감정보다 이성이 우선이에요. 공포감보다 '현상' 자체에 집중해요.

☑ 혼자서 조용히 가설을 세워요. '만약 이게 실제라면…' 하고 머릿속으로 많은 실험을 해요.

☑ 직접 부딪치기보단 관찰하려 해요. 귀신이 뭘 하는지 지켜보려고 해요.

☑ 감정을 잘 표현하지 않아요. 겁이 나도 무표정일 수 있어요.

☑ 이론 정리에 빠져요. 사후 세계, 영혼, 의식 등에 대한 철학적 사고로 이어져요.

☑ 현실과 상상 경계를 넘나들어요. '내가 너무 피곤했던 건가?'라고 생각해요.

☑ 지나간 후에도 계속 곱씹어요. 그 장면을 마음속에서 수십 번 재생해요.

#혼자깊이생각함
#귀신의감정도읽음
#감정이입마스터
#공포속통찰시작

I N F J 선미

매력 포인트
- ▶ 무서운 순간에도 깊은 공감력
- ◎ 직관으로 상황의 본질을 파악
- ♣ 조용히 감정을 소화하는 내면의 힘

- ☑ 귀신의 감정이나 아픔부터 느끼려고 해요. "무슨 사연이 있었을까…?"
- ☑ 두려움을 겉으로 잘 드러내지 않아요. 조용히 받아들이고 곱씹어요.
- ☑ 상황의 의미를 해석하려고 해요. 단순한 공포가 아닌, 메시지를 찾으려 해요.
- ☑ 혼자 깊은 감정 속에 빠져요. 누군가와 나누기 전에 스스로 정리하려 해요.
- ☑ 슬픔, 외로움에 감정 이입을 잘해요. 귀신에게조차 공감이 생겨요.
- ☑ 결국 의미로 승화하려 해요. "이 경험이 나에게 어떤 성찰을 주었을까?" 라고 정리해요.
- ☑ 감정을 흡수해서 오래 남겨요. 그날의 기운을 며칠간 안고 있을 수 있어요.
- ☑ 이야기로 재구성해요. 자신만의 언어로 이 경험을 다시 써 내려가요.

#무서움에감정폭발
#귀신의마음이궁금해
#혼자끙끙감정소화
#현실과상상사이

INFP 태우

매력 포인트

▶ 귀신의 감정까지 공감하는 섬세함
▶ 무서움조차 서사로 바꾸는 창의력
▶ 깊은 내면에서 감정을 녹여내는 몰입력

- ✓ 귀신이 왜 나타났는지 상상부터 시작해요. "아마 외로워서일 수도 있겠어."
- ✓ 겁이 나면 눈물이 먼저 고여요. 놀람보다 마음이 먼저 울컥해요.
- ✓ 귀신에게도 감정을 부여해요. 슬픔, 분노, 외로움을 나름대로 해석해요.
- ✓ 혼자 감정을 정리하려 해요. 사람들에게 말하기보단 내면으로 가라앉혀요.
- ✓ 이야기로 다시 구성해요. 나만의 언어로 이 경험을 서사처럼 풀어내요.
- ✓ 무서워도 상상력이 계속 떠올라요. "혹시 계속 보고 있지는 않을까?"
- ✓ 기억을 특별하게 간직해요. 무섭지만 아름답고 기이한 기억으로 남겨요.
- ✓ 일기나 창작으로 해소해요. 글, 그림, 시 등으로 감정을 표현해요.
- ✓ 남이 겁주는 걸 싫어해요. 공포보다 감정을 소중히 여겨요.

#귀신보다현실중요
#누가불렀는지조사중
#혼란속질서유지
#공포도통제가능

E S T J 민수

매력 포인트
▶ 두려움 속에서도 질서와 책임을 지킴
▶ 현실 감각과 빠른 판단력
▶ 당황하지 않고 앞장서는 든든함

- ✓ 귀신보다 그 상황의 현실성이 먼저 궁금해져요. 진짜인지 확인부터 하려고 관찰을 시작해요.
- ✓ 두려움보다 정리와 통제가 우선이에요. "지금부터 내가 수습할게."
- ✓ 감정적으로 반응하기보다는 대처 방안을 떠올려요.
- ✓ 즉각적으로 사람들을 챙겨요. "괜찮아? 누구 다친 사람 없어?"
- ✓ 공식적인 해결책을 선호해요. "이런 건 전문가를 부르는 게 맞아."
- ✓ 혼자서라도 해결하고 싶어 해요. 책임은 내가 지겠다는 생각이 강해요.
- ✓ 감정 표현은 최소화해요. 겁이 나도 흔들리는 모습은 보이지 않으려 해요.
- ✓ 불확실성을 싫어해요. 귀신의 정체나 이유를 반드시 알아내고 싶어 해요.

#겁나도직진
#귀신도상황극소재
#겁은나지만가보자고
#공포를액션으로

ESTP 지현

매력 포인트
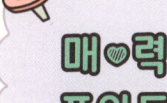
- ▶ 위기에도 빠르게 움직이는 행동력
- 겁이 나도 상황을 주도하는 추진력
- 공포 속에서도 여유와 유머를 잃지 않음

- ☑ 겁이 나도 유머를 잃지 않아요. "이거 깜짝쇼 아니야?" 같은 농담을 던져요.
- ☑ 상황을 직접 확인하려고 해요. 귀신이 있던 곳을 다시 보러 갈 수도 있어요.
- ☑ 분위기를 바꾸는 데 능해요. 친구들이 무서워하면 일부러 장난을 쳐요.
- ☑ 즉흥적으로 대응해요. 계획은 없지만 빠른 판단으로 움직여요.
- ☑ 행동으로 감정을 덮어요. 무서울수록 말하고 웃고 움직이려고 해요.
- ☑ 겁이 나도 티를 잘 안 내요. "괜찮아, 아무것도 아니야."라는 말을 자주 해요.
- ☑ 귀신을 보면 순간 놀라지만 반응이 아주 빨라요. 비명을 지르기보단 "뭐야 저거?" 하고 다가가요.
- ☑ 사건을 금세 잊고 "재밌었네!" 하며 금방 일상으로 돌아가요.

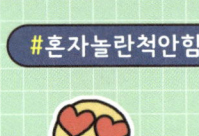 #혼자놀란척안함

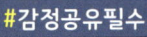 #감정공유필수
 #혼란속따뜻한리더
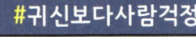 #귀신보다사람걱정

E S F J  은정

매력 포인트

▶ 공포 속에서도 주변을 먼저 살피는 다정함
▶ 모두의 안정을 위한 따뜻한 리더십
▶ 감정을 나누고 위로하는 능력자

- ✓ 자신의 감정은 뒤로 미뤄요. 무서워도 남들이 불안해할까 봐 침착하려 해요.
- ✓ 감정을 나누는 걸 중요하게 생각해요. 겁을 먹은 친구에게 따뜻하게 말을 걸어 줘요.
- ✓ 공동체 분위기를 지키려 해요. 모두가 당황하지 않게 질서를 잡으려 해요.
- ✓ 믿을 만한 어른이나 방법을 찾으려 해요. "어떻게 해야 괜찮아질까?"
- ✓ 혼자 있는 걸 무서워해요. 함께 있어야 안정감을 느껴요.
- ✓ 기도나 전통적 방법에 의지할 수 있어요. 마음이 편해지는 방식을 선택해요.
- ✓ 이후 감정까지 챙겨 줘요. 사건이 끝난 후에도 친구들의 기분을 보살펴요.
- ✓ 책임감 있게 상황을 마무리해요. 주변 정리, 사람 챙기기를 끝까지 해요.

E S F P 민재

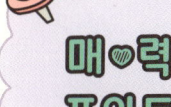

매력 포인트
- ▶ 귀신도 놀랄 정도의 풍부한 리액션
- ▶ 공포 분위기를 바꾸는 에너지
- ▶ 솔직하고 유쾌한 감정 표현

- ✓ "꺄아아악!!" 리액션 1등! 귀신을 보면 소리부터 질러요.
- ✓ 혼자 있기 힘들어해요. 누군가 옆에 꼭 있어야 안심돼요.
- ✓ 상황을 유쾌하게 바꾸려 해요. 겁먹은 분위기를 농담으로 풀려고 해요.
- ✓ 놀람이 지나면 웃음이 나와요. "진짜 무서웠는데… 좀 재밌지 않았어?"
- ✓ 리액션이 크고 생생해요. 소리, 표정, 몸짓 다 함께 움직여요.
- ✓ 경험을 이야기로 풀고 싶어 해요. 친구들에게 생생하게 썰을 풀어요.
- ✓ 상황을 빠르게 소비해요. 지나가면 금방 일상으로 돌아와요.
- ✓ 감정을 모두와 공유하고 싶어 해요. 단톡방에 귀신 이야기 올리는 1순위예요.
- ✓ 무서우면 무섭다, 신기하면 신기하다 솔직하게 감정을 표현해요.

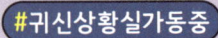 #귀신상황실가동중

 #공포도분석대상이에요

#두려움도전략안에
#통제력잃기싫어요

 E N T J 여진

 매력 포인트
▶ 놀라운 상황에서도 질서를 잡는 리더십
▩ 감정보다 상황 판단을 우선하는 냉철함
🧠 문제를 빠르게 해결하려는 추진력

☑ "이건 지금 파악이 안 되는 변수야." 귀신보다 통제할 수 없는 상황이 더 불편하고 두려워요.

☑ 즉시 분석에 들어가요. 귀신이 나타난 이유, 위치, 맥락을 파악하려 해요.

☑ 두려움을 통제하려고 해요. 감정은 드러내지 않고 이성적으로 정리해요.

☑ "일단 조명부터 켤까?" 침착하게 우선순위를 정하고 실행해요.

☑ 논리적으로 재구성해요. 귀신의 존재조차도 체계 안에 넣으려 해요.

☑ "해결책을 찾을게." 곧바로 플랜 B, C를 떠올리고 대비해요.

☑ 중심을 놓지 않아요. 상황이 무너져도 리더 자리를 지키려 해요.

☑ 직접 움직여요. 지시만 하는 게 아니라 빠르게 실행에도 나서요.

#귀신아토론할래
#이거소재될듯
#무서운데재밌음
#공포도콘텐츠

ENTP 준혁

매력 포인트

▶ 귀신도 당황할 창의적인 리액션
▶ 무서움도 유머로 바꾸는 입담
▶ 공포 속에서도 호기심 멈추지 않는 두뇌 회전

- ☑ "야 이거 진짜 실화냐?" 놀라면서도 바로 궁금증부터 생겨요.
- ☑ 겁보다 호기심이 커요. '귀신이 왜 나타났을까?'를 먼저 생각해요.
- ☑ 농담으로 위기 모면해요. 무서워도 장난처럼 받아치며 분위기를 전환해요.
- ☑ 창작 뇌가 켜져요. "이걸로 웹툰 만들면 괜찮겠는데요?" 같은 말이 나와요.
- ☑ 해결보다 말이 먼저 나와요. 입이 먼저 움직이고, 생각은 나중에 정리돼요.
- ☑ 귀신에게 "왜 떠돌고 계세요?" 하고 말을 걸고, 저승에 관한 토론도 해요.
- ☑ 나중에 썰 푸는 걸 즐겨요. 단톡방에서 1시간짜리 귀신 썰이 열려요.
- ☑ 리액션은 즉흥적으로 커요. 비명을 지르고 웃고 다시 궁금해해요.
- ☑ 사람들 중심에 서요. 놀란 친구들 틈에서 분위기 주도자가 돼요.

#감정리더출동

#공포속공감능력

#귀신보다사람먼저

#단체케어시작

E N F J 경수

매력 포인트

▶ 무서워도 사람들 먼저 챙기는 따뜻함
▶ 사람들을 세심하게 살피는 다정함
▶ 분위기를 안정시키는 조율 능력

☑ "괜찮아? 안 다쳤어?" 본인이 놀라기 전, 다른 사람부터 챙겨요.

☑ 두려움을 감추려 해요. 리더 자리를 유지하려고 최대한 침착한 척 해요.

☑ 빠르게 분위기를 정리해요. "우리 진정하고 천천히 움직이자."

☑ 공동체 분위기를 조정해요. 흐트러진 감정과 행동을 말로 수습하려 해요.

☑ 공포를 설명하려 해요. "이런 현상은 심리적으로 그럴 수 있어." 같은 말로 친구들을 안심시켜요.

☑ 기도나 의식처럼 단체로 할 수 있는 해결 방법을 제안해요.

☑ 모두가 안심할 때까지 행동해요. 마지막까지 남을 챙기는 사람이에요.

☑ 사후 감정 정리까지 해 줘요. 사건 후에도 단체 채팅방에서 마음을 나눠요.

#호기심천국　　#갑자기결정함

#순수한매력덩어리　　#느낌이온다

E N F P 세아

매력 포인트
- 무서움조차 호기심과 스토리로 바꾸는 상상력
- 감정에 솔직하고 생생한 리액션
- 천진난만하며 정이 많음

- ☑ "진짜 귀신이야! 대박!" 무섭지만 동시에 신기하고 흥미로워요.
- ☑ 상상력 폭주 모드 돌입해요. 귀신의 이름, 사연, 성격까지 혼자 다 짓고 있어요.
- ☑ 겁도 많고 눈물도 많아요. 하지만 감정 표현이 솔직해서 오히려 귀여워요.
- ☑ "근데 그 귀신, 외로웠을 것 같지 않아?" 공감력까지 같이 폭발해요.
- ☑ 감정을 말로 풀어요. "심장이 진짜 막 두근두근했어!"
- ☑ 친구랑 꼭 붙어 있으려 해요. 무서울수록 함께 있는 게 최고라고 생각해요.
- ☑ 분위기 전환도 잘해요. 갑자기 귀신 성대모사하거나 패러디로 웃기기도 해요.
- ☑ 이야기 소재로 저장해요. 이건 분명 어디선가 써먹을 수 있다고 생각해요.
- ☑ 모든 걸 스토리로 풀어요. 귀신 체험도 하나의 모험처럼 기억해요.